我会拿筷子了!

[日] 官里晓美 编著 　[日] 常永美弥 绘 　吕佳 译

文匯出版社

尺子　剪刀　铅笔　狗　牙刷　洒水壶

❗ ● 本书是面向惯用右手的人所写的。惯用左手的人请将图片和说明中的左右手对调后，再按照方法练习哦。

● 当存在多种正确的持握或使用方法时，本书将介绍比较常用的 1~2 种方法。

早上好！吃早饭啦！

现在是早饭时间。
桌子上有筷子、勺子、叉子呢。

 学会正确拿**勺子**了吗？

 当然！我已经**不用手抓着吃**啦！

勺子的拿法

拿着勺柄的正中央位置。

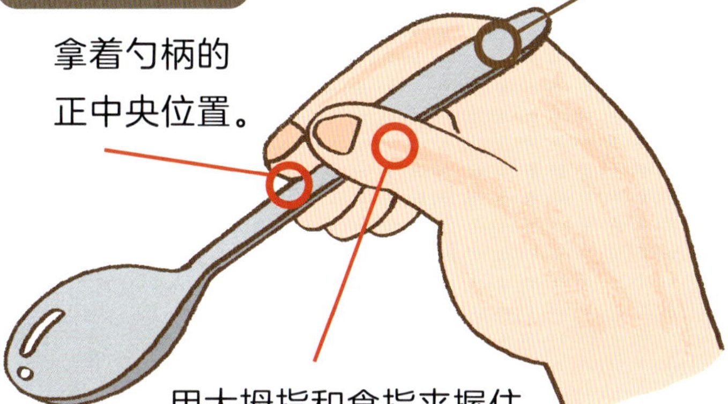

勺柄

用大拇指和食指夹握住。

你以前是这样拿的呢。

✗

叉子的拿法

使用叉子时和拿勺子的方法一致。

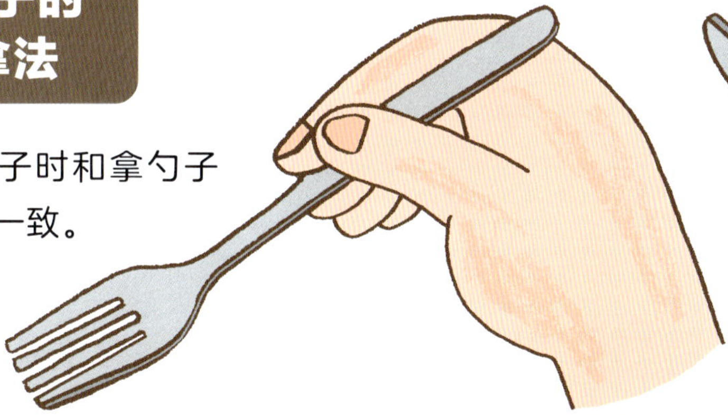

餐刀的拿法

用食指按住刀柄。

试试看

试试看你能不能熟练地使用刀叉吧。

叉口朝下。

让餐刀向着自己的方向拉切食物。

用食指按住叉柄。

用叉子抵住，不让食物移动。

 哎呀，你拿筷子的方法太奇怪啦！

 这样好拿嘛。

 正确拿筷子更容易夹住东西哦。

筷子的错误拿法

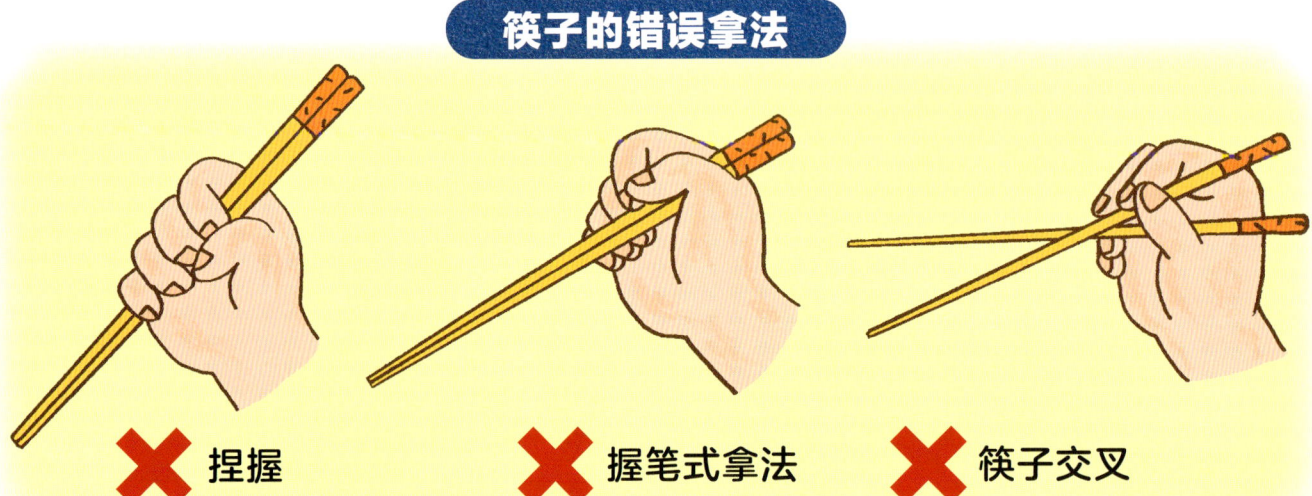

❌ 捏握　　❌ 握笔式拿法　　❌ 筷子交叉

筷子的正确拿法

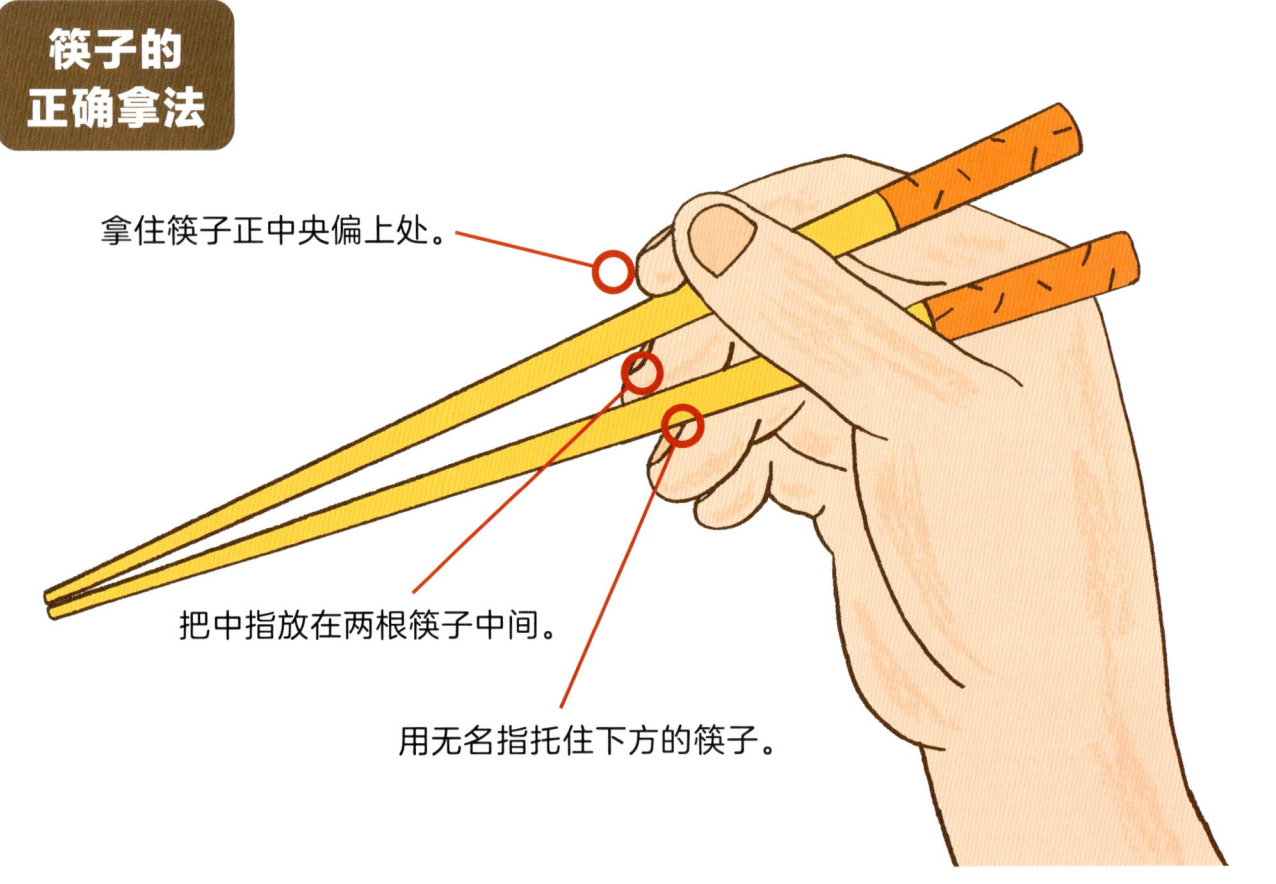

- 拿住筷子正中央偏上处。
- 把中指放在两根筷子中间。
- 用无名指托住下方的筷子。

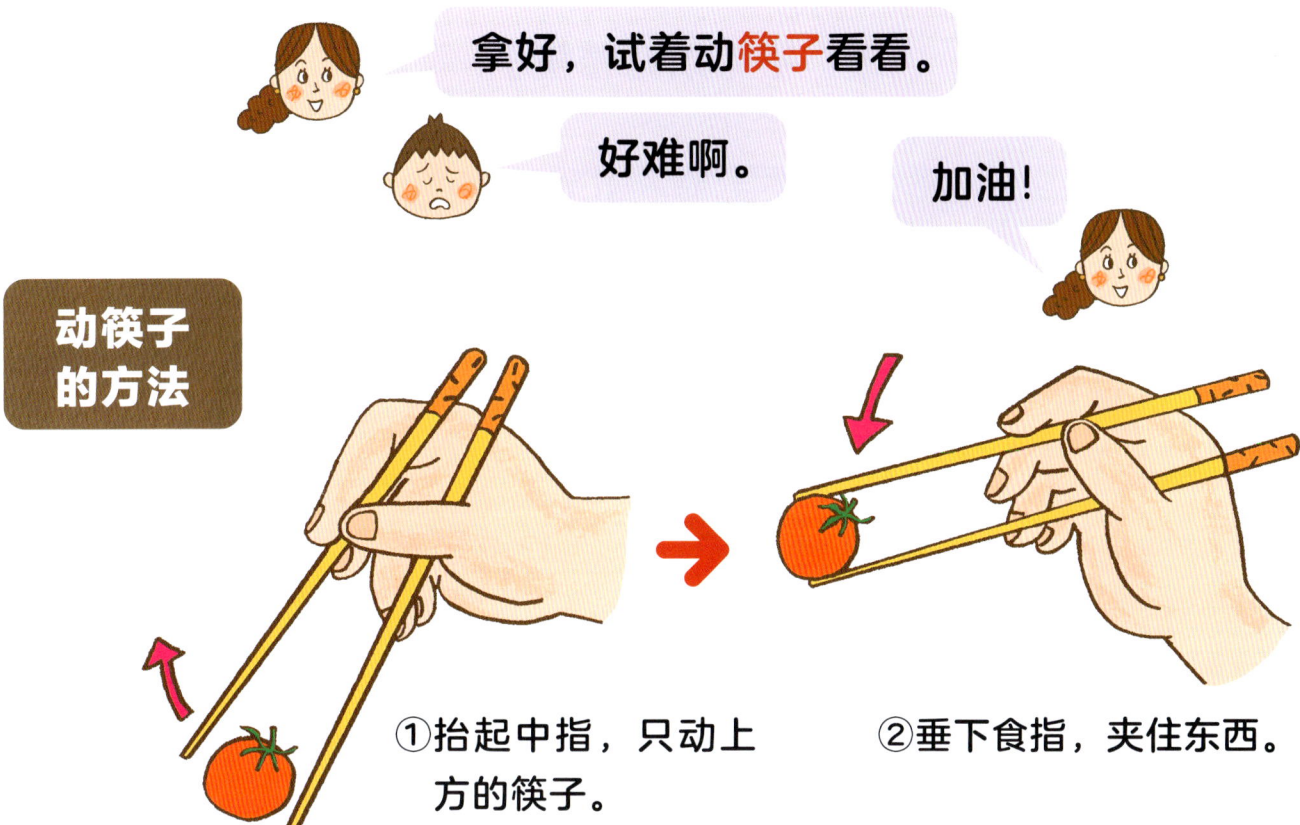

 喂！不可以叼着筷子！

筷子的错误用法

把筷子含在嘴里。

用筷子在碗里翻弄挑拣。

用筷子和筷子传递食物。

用筷子戳食物。

用筷子把碗移动到自己面前。

把筷子插在米饭里立着。

不快点的话会迟到的！

牙刷的拿法

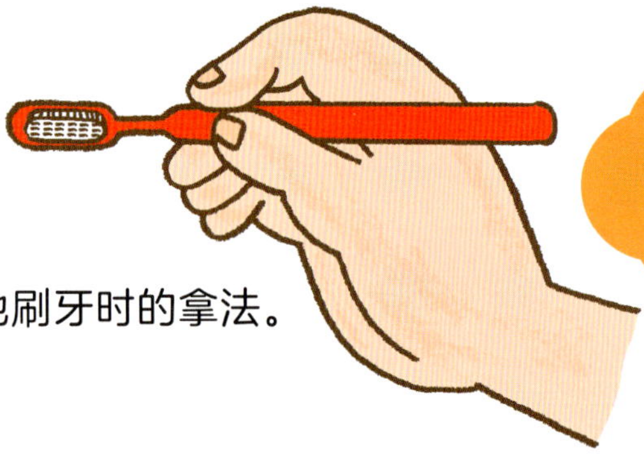

轻轻地刷牙时的拿法。

牙刷的拿法和铅笔的拿法是一样的。

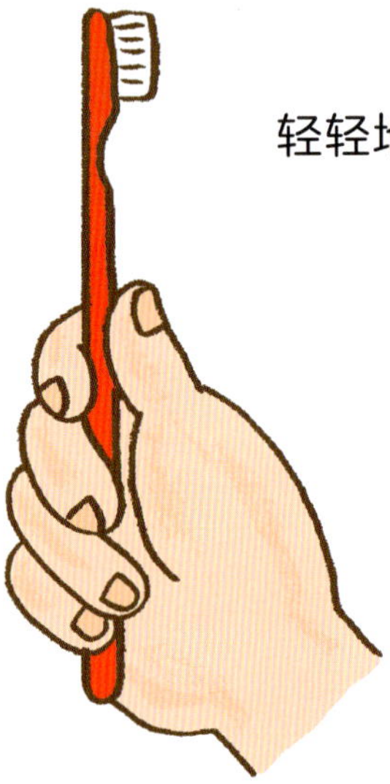

刷牙的方法

根据刷牙的地方不同，这种拿法也是可以的。

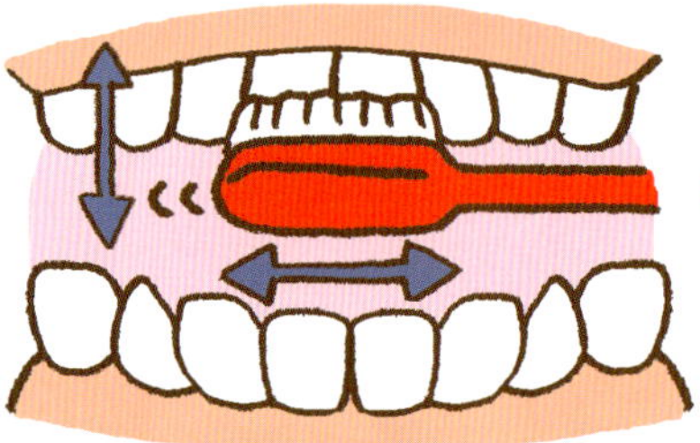

将牙刷轻轻地放在牙齿上，不要使劲，轻微地上下，左右移动。

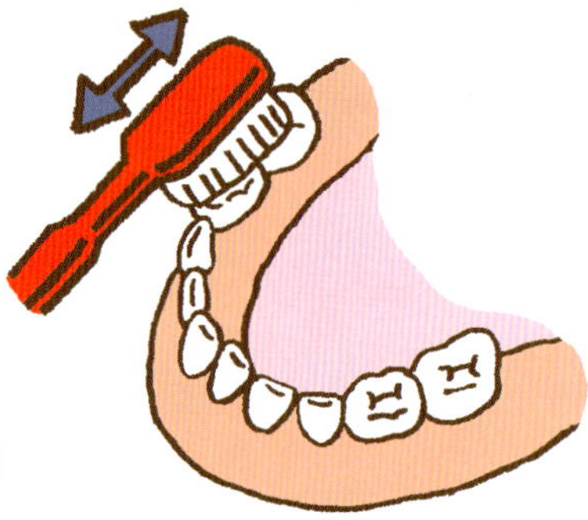

每次认真地刷1~2颗牙。

我不知道鞋带的系法啊。

是这样系的。好好看着哦！

系鞋带的方法

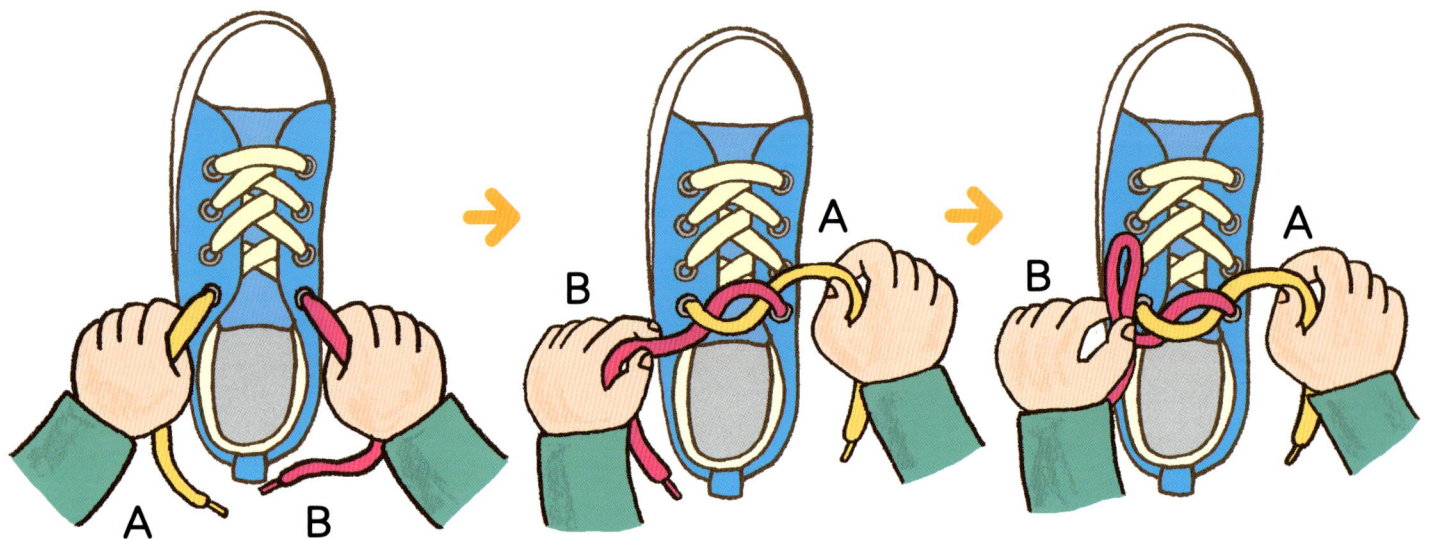

①拉紧鞋带A和鞋带B。

②将B放于下方，A与B重叠，将A从B的下方穿出。

③将B绕个圈，用大拇指和食指夹住。

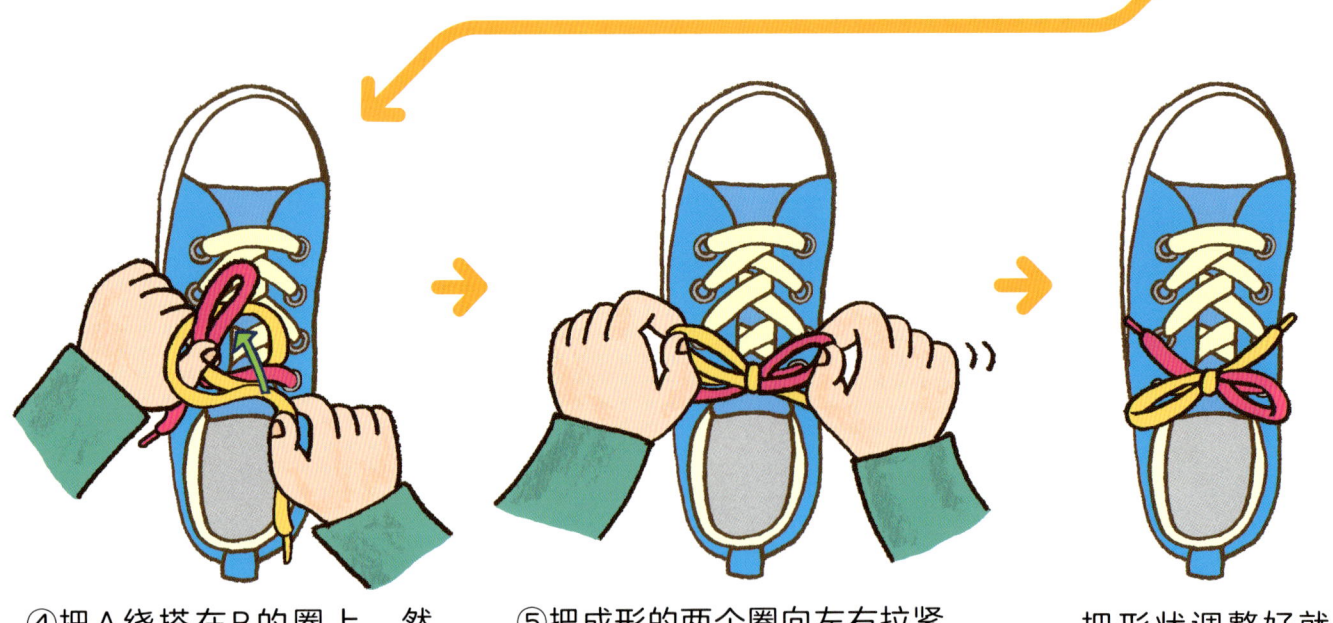

④把A绕搭在B的圈上，然后从A形成的圈中穿出。

⑤把成形的两个圈向左右拉紧。

把形状调整好就完成啦！

 为了方便易懂，本书将画中的鞋带涂上了不同颜色。

啊，下雨了！
妈妈从屋里给我拿来了伞呢。

伞的握法

紧紧握住伞把。
伞把

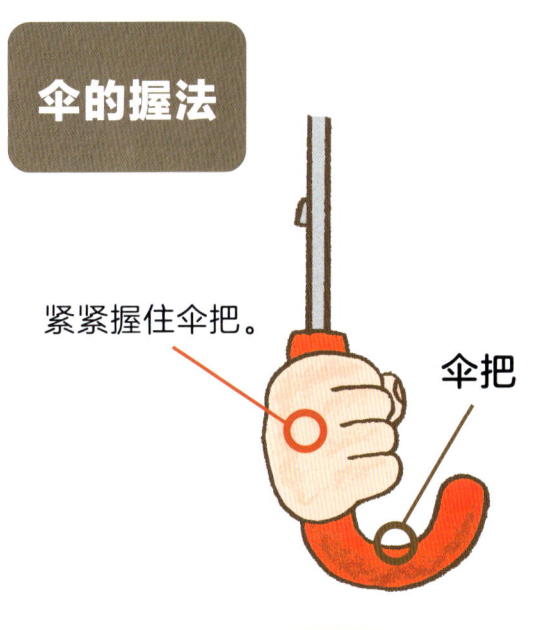

✗ 不可以用伞尖指着别人！很危险！

撑伞的方法

①伞朝下，用左手拿着伞把。

注意确认周围有没有别人在。

弹簧片开关
伞盘

②用右手的大拇指按下弹簧片开关，推出伞盘。

③听到"咔嚓"一声后，慢慢地松开右手。

来到学校啦!

在学校,我们需要使用许多**文具**,比如**铅笔**、**剪刀**等。你知道它们的正确使用方法吗?

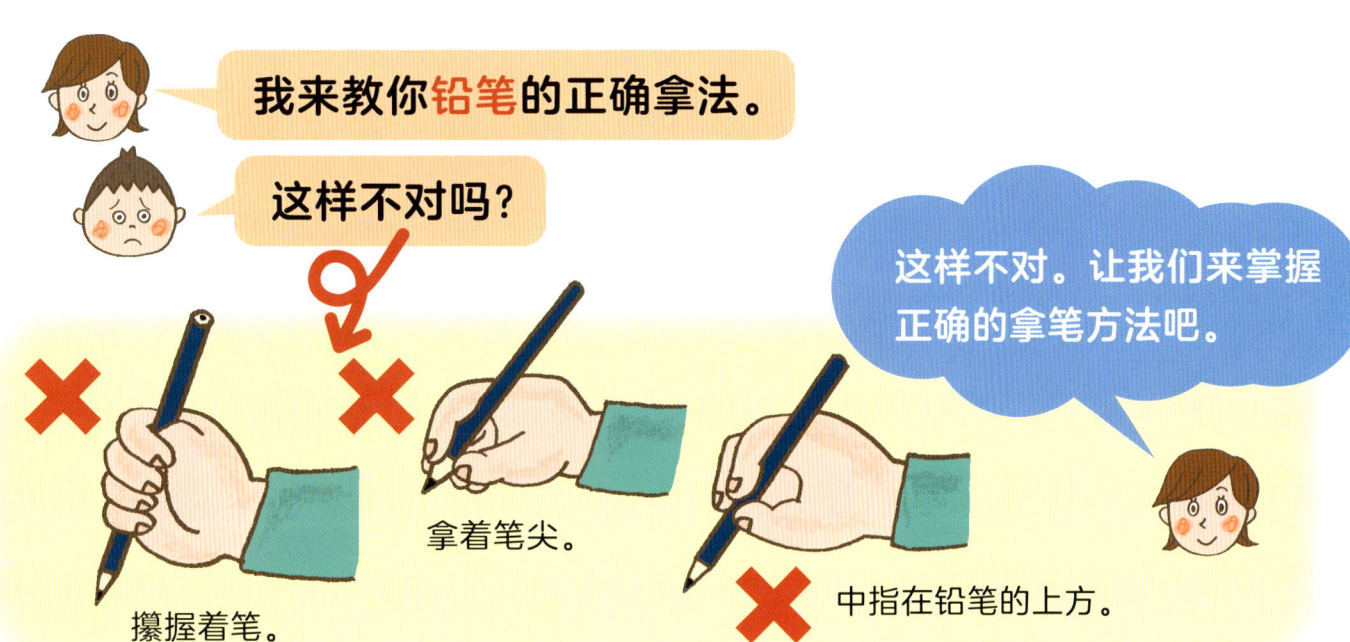

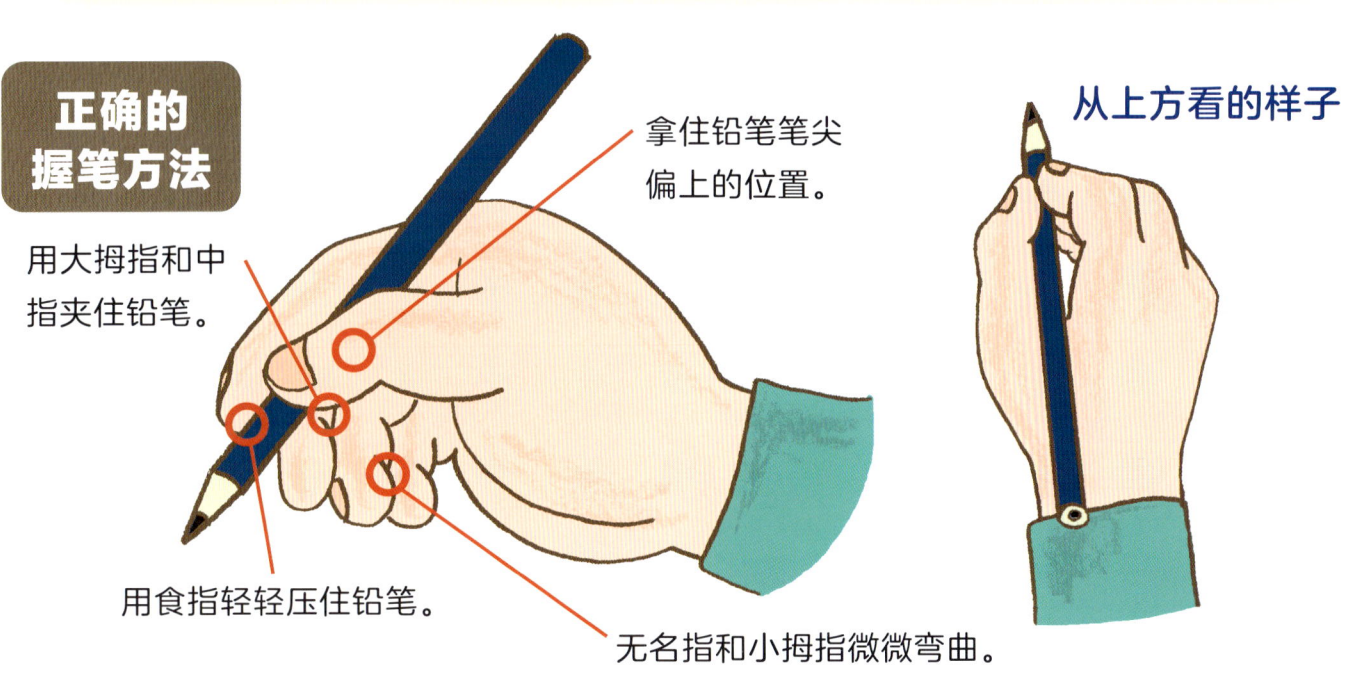

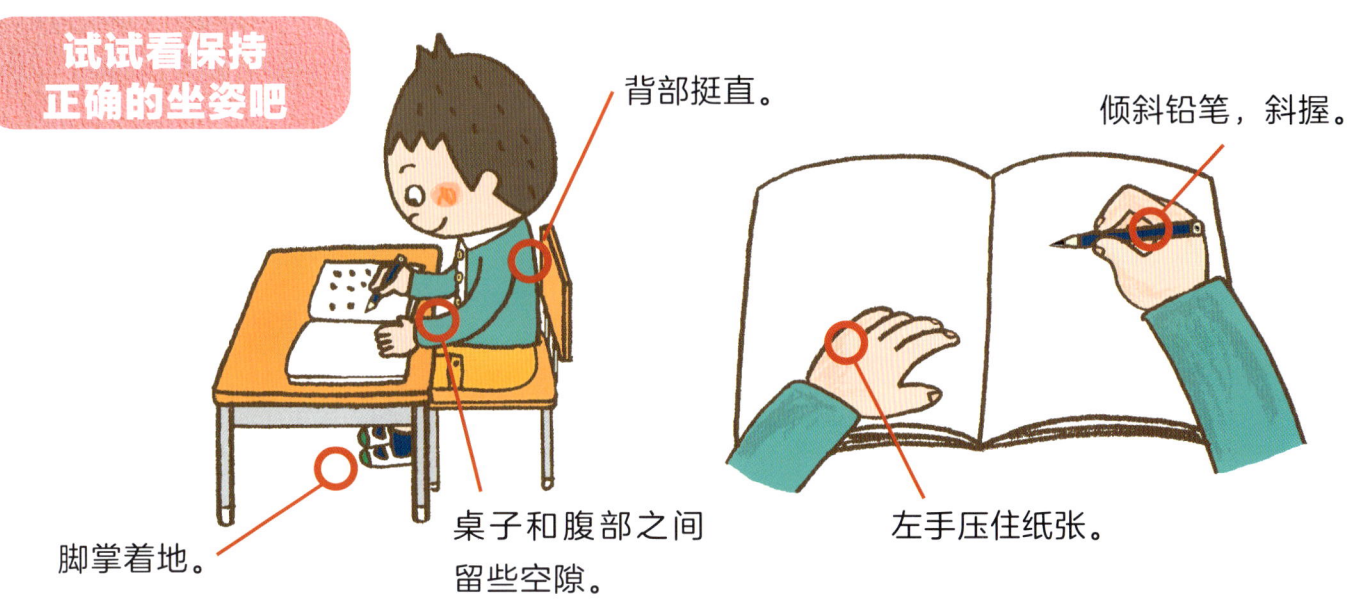

老师，我剪不好纸。

你这样拿剪刀的话，是剪不好纸的。

✗ 把整根手指都插入剪刀柄内。

拿剪刀的方法 选择一种让你感到轻松的方法拿着。

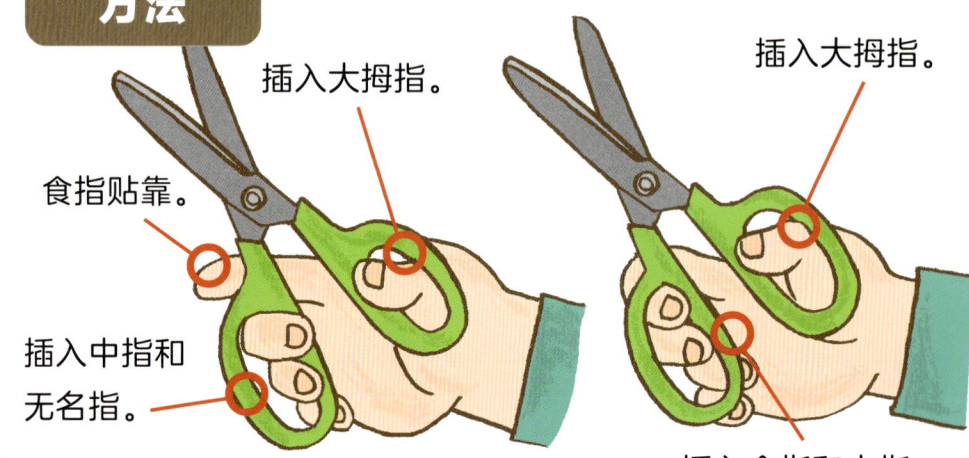

插入大拇指。
食指贴靠。
插入中指和无名指。

插入大拇指。
插入食指和中指。

试试看剪纸吧

剪直线的时候

拿住纸张的一端。

把剪刀口张开，将纸张放进剪刀口最深处，慢慢合上剪刀。在剪刀没有剪到的地方张开剪刀口。重复以上操作。

剪曲线的时候

用左手旋转纸张，用右手一开一合地剪纸。

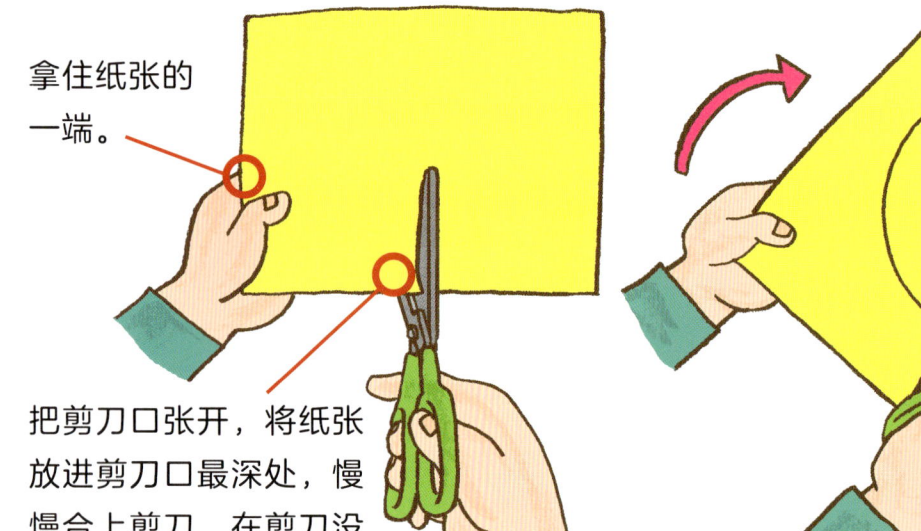

递剪刀给别人的时候，要握住合上的剪刀刀刃处，把剪刀柄递给对方哦。

美工刀的拿法

和拿铅笔的方法一样。

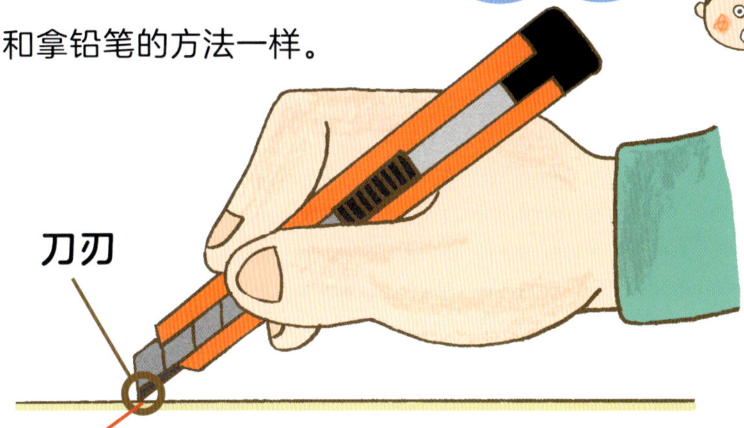

这样拿就可以切得漂亮啦！

刀刃

只推出一节刀刃，刀尖朝下。

✗ 不可以把刀刃推出太多！

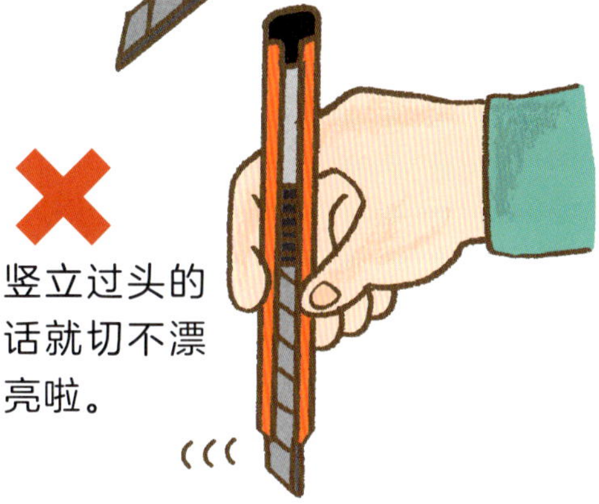

✗ 竖立过头的话就切不漂亮啦。

❗ 请在大人的陪同下正确使用美工刀。

 我不擅长画直线。

让我们来用**尺子**练习画直线吧。

尺子的使用方法

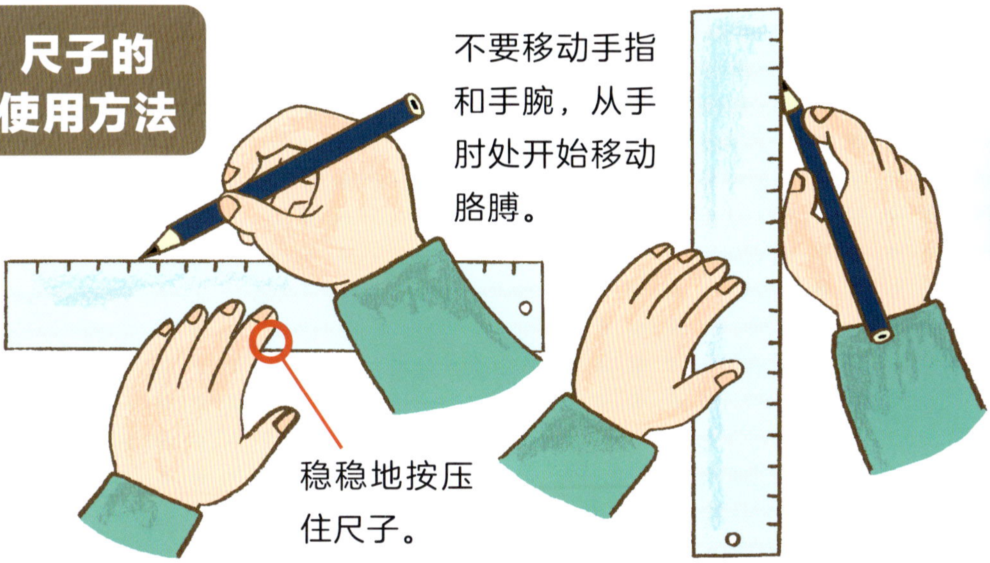

不要移动手指和手腕，从手肘处开始移动胳膊。

稳稳地按压住尺子。

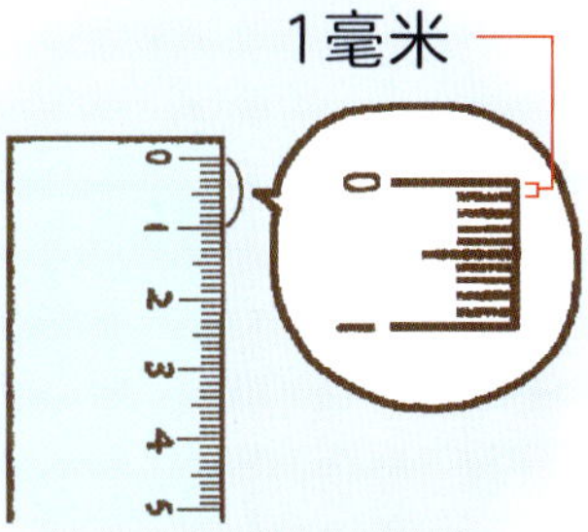

1毫米

小刻度为1毫米时，10毫米就是1厘米。

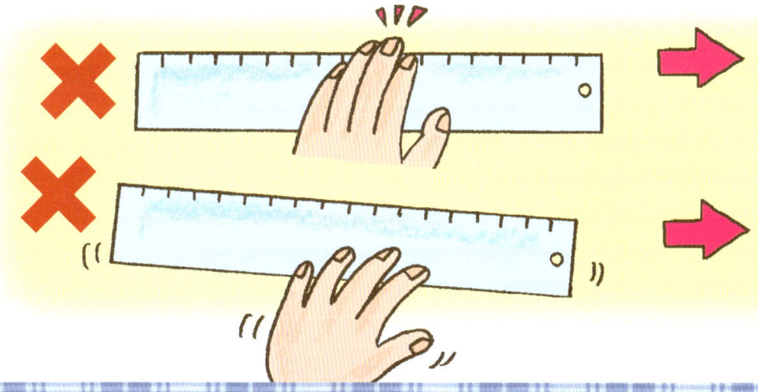

✗ → 手指头如果超过尺子边缘的话，画出来的线会出现手指头的形状。

✗ → 如果不能稳稳地按压住尺子的话，线会画歪。

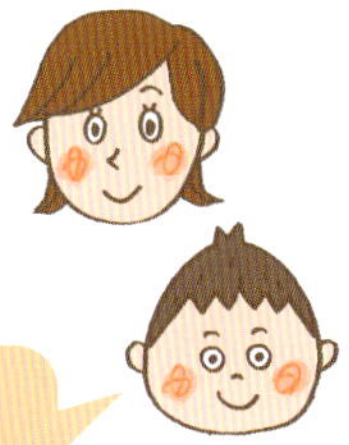

长扫帚用双手拿，短扫帚用单手拿哦。

我还知道朝哪边扫呢。

扫帚的拿法

用左手握住扫帚的中部。

大拇指向下拿扫帚。

从自己的方向看过去，从左向右扫。

单手拿扫帚时，从右向左扫。

簸箕的使用方法

两个人一起打扫的时候

注意看扫帚头，小心地把垃圾扫入簸箕里。

一个人打扫的时候

把簸箕慢慢地向后挪动，把垃圾一点一点地扫入。

抹布的用法

用抹布擦去污渍吧。

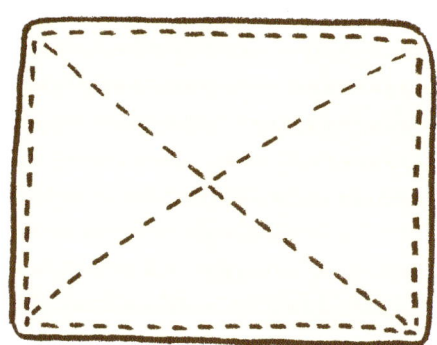  

根据自己的手的大小，把抹布折叠起来。

沿着箭头的方向移动，尽量不要有擦漏的地方。桌子的边缘也擦擦。

> 污渍难以擦掉的时候，用抹布的一端使劲擦擦看。

抹布脏了的话……

把脏了的地方折叠包在内部，用干净的地方擦。

如果抹布没有干净的地方了，就往水桶里倒入约半桶水，洗一洗抹布吧。

水桶里的水脏了的话，就倒掉脏水，接半桶干净的水吧。

抹布的拧法

我拧不干抹布啊。

来学学拧抹布的方法吧。

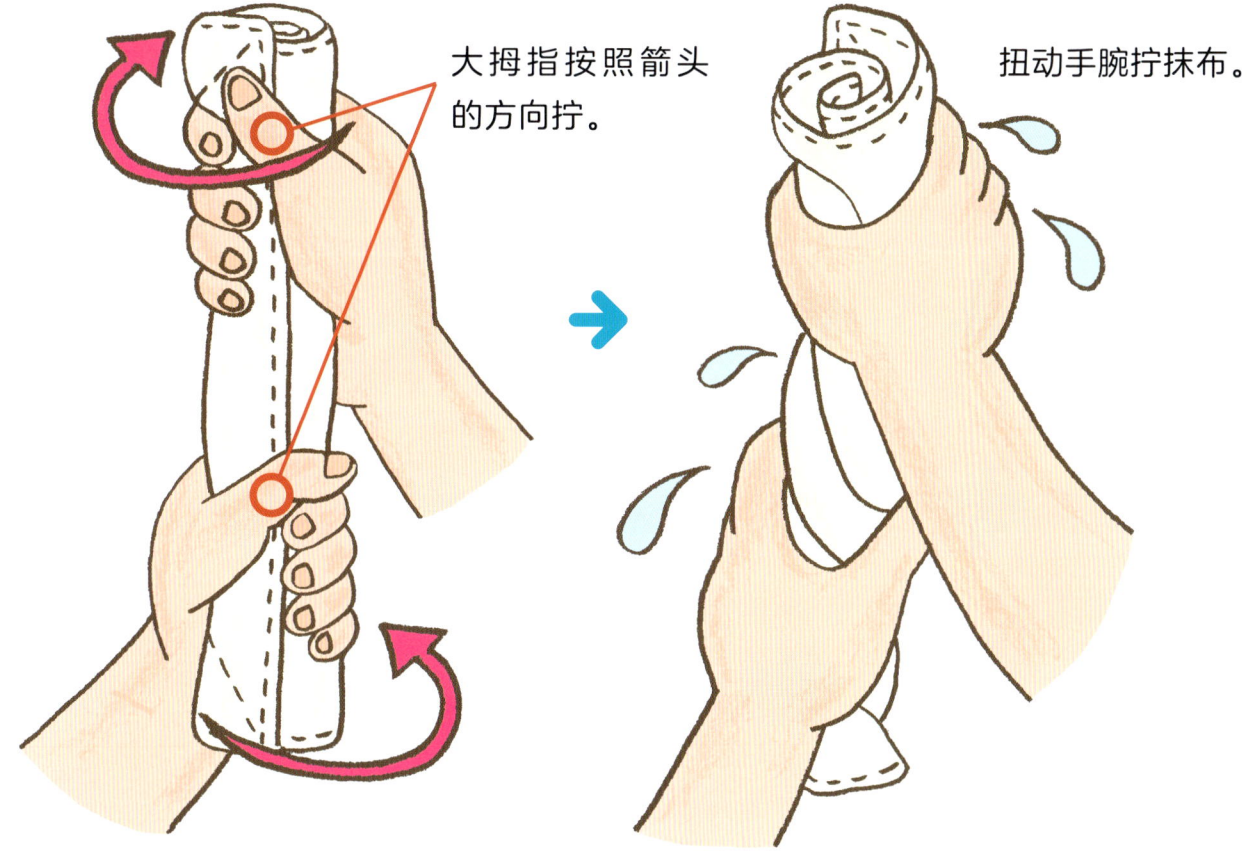

大拇指按照箭头的方向拧。

扭动手腕拧抹布。

将抹布卷成棒状,握住抹布的上下两端。

重复上述动作数次,直到拧不出水为止。

你是不是这样拧抹布的?

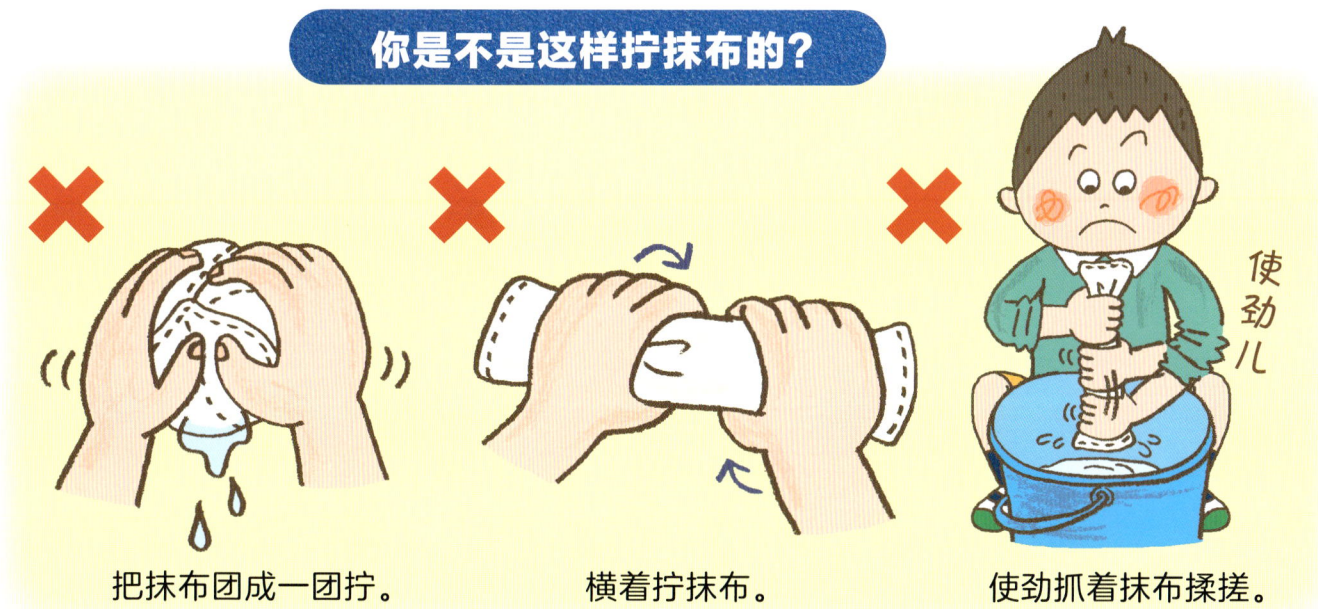

把抹布团成一团拧。

横着拧抹布。

使劲抓着抹布揉搓。

使劲儿

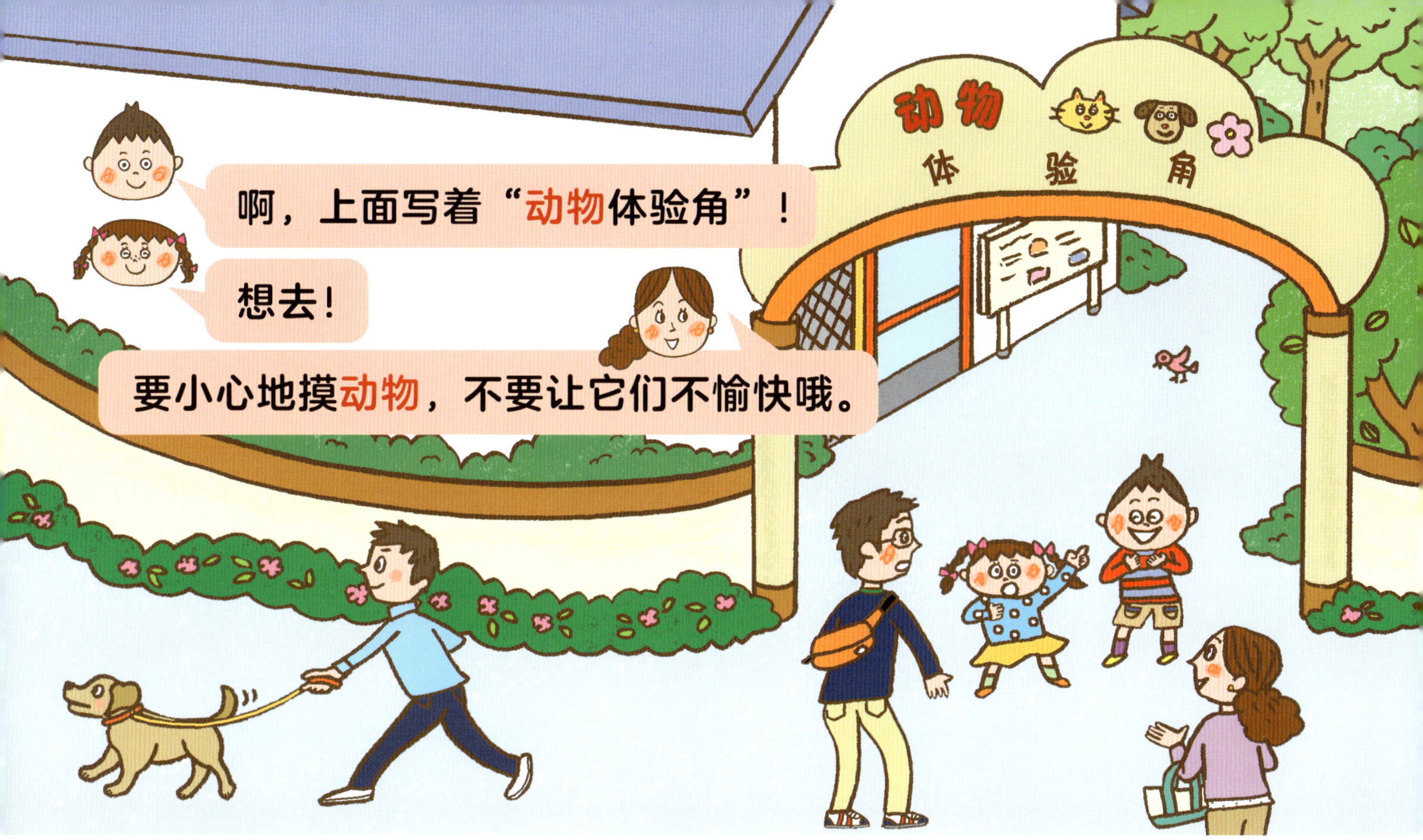

啊，上面写着"动物体验角"！

想去！

要小心地摸动物，不要让它们不愉快哦。

狗的抱法

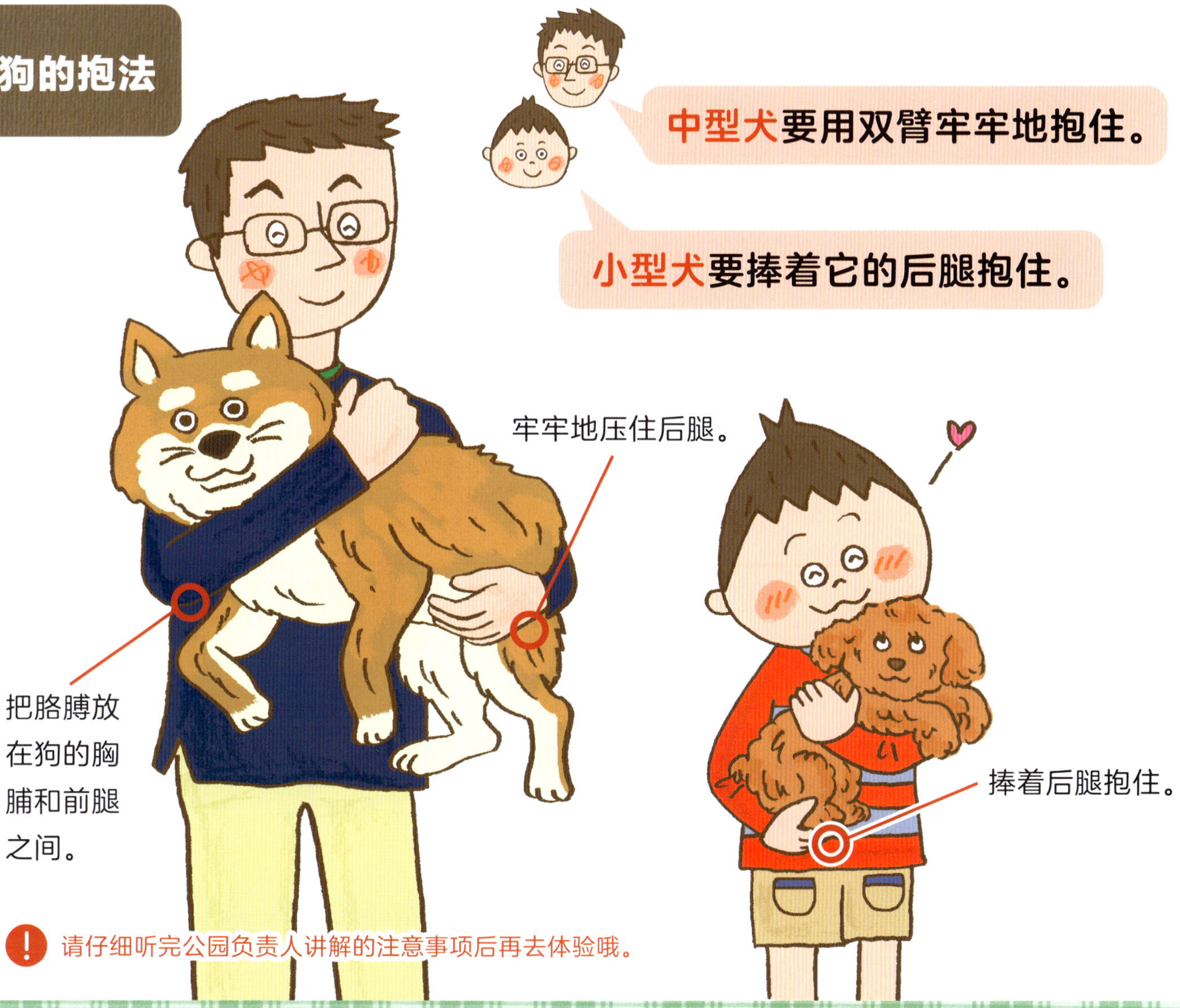

中型犬要用双臂牢牢地抱住。

小型犬要捧着它的后腿抱住。

牢牢地压住后腿。

把胳膊放在狗的胸脯和前腿之间。

捧着后腿抱住。

❗ 请仔细听完公园负责人讲解的注意事项后再去体验哦。

猫的抱法

环抱住猫的前腿根部，手贴靠在猫的后背处。

环抱住猫的屁股，托住猫的后腿。

猫真可爱呀！

兔子的抱法

我想抱兔子！

环抱住兔子嘴巴下方至后背处。

手贴靠在屁股处。把兔子紧紧地拢在自己的怀里。

仓鼠的拿法

啊！还有仓鼠呢。

小仓鼠放在手掌就可以啦。

黄金仓鼠等可以用大拇指、食指、中指控制住头部，其他手指轻轻地捏拿住它。

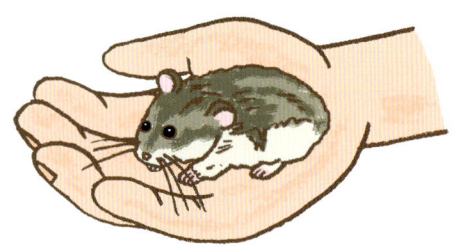

小仓鼠可以用手掌捧着，也可以用双手包裹着拿。

❗ 不要使劲捏！

❗ 摸了动物后，要认真洗手。

零食包装袋的打开方法

零食包装袋的上下两头都被封口了。

① 用大拇指和食指捏住右图中标记处。

正面　背面

好累啊。
肚子饿了。
给你零食。
打开包装袋时要注意力度哦。

② 分别捏住包装袋两侧，慢慢地扯开。

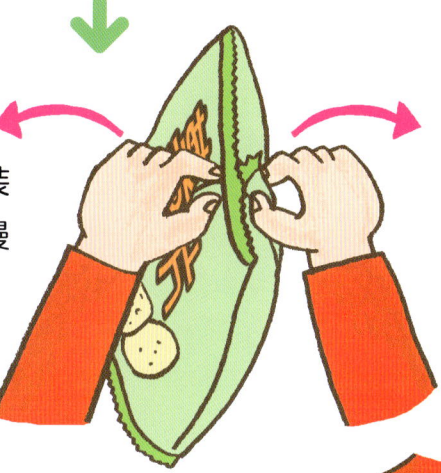

注意

如果使太大力气，袋子开得太猛，里面的零食会飞出来哦！

怎么也打不开的时候，用剪刀剪开吧。

打开布丁或果冻盖子的方法

没有拿盖子的那只手牢牢地握住容器。

把容器的正面对着自己，将波浪状的部分全部揭开。

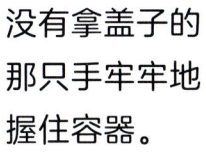

用大拇指和食指捏住盖子的封口处，把其他手指当作杠杆，慢慢地拉开盖子。

注意

如果倾斜容器，里面的东西会洒出来！

塑料瓶瓶盖的打开方法

用一只手牢牢地握住瓶身，另一只手抓住瓶盖，向逆时针方向拧。

到公园一起捉虫子吧。
河里也有各种生物呢。

❗ 公园内有些地方是禁止捉虫子的，确认允许后才能去玩哦。

小龙虾的拿法

从侧边拿住虾壳较硬处。

要小心，如果被大钳子夹住的话会非常痛。

注意不要被钳子夹住！

独角仙的拿法

雄性独角仙和雌性独角仙的拿法是不同的。

这样啊！雄性和雌性的样子差别很大呢。

注意足部钩爪。

雌性独角仙

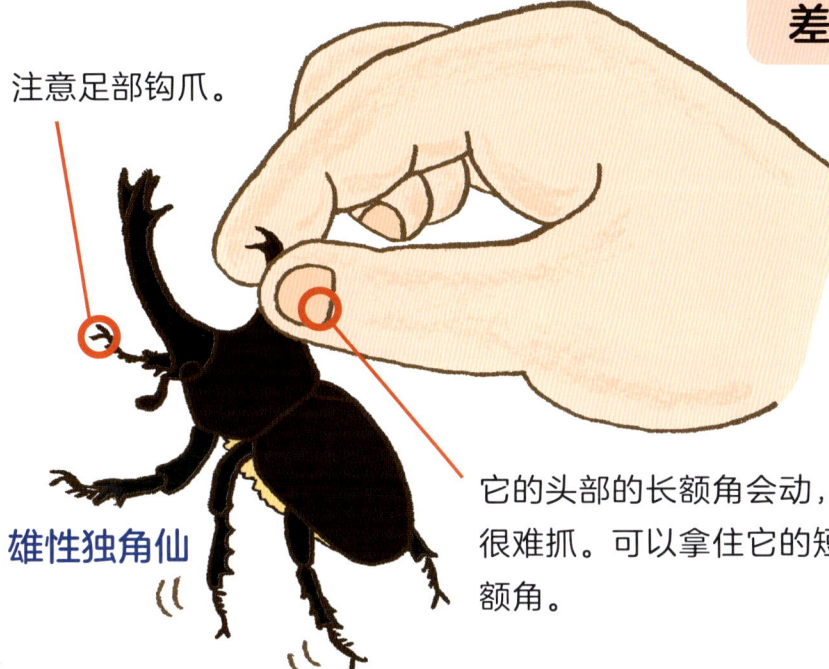

它的头部的长额角会动，很难抓。可以拿住它的短额角。

雄性独角仙

它没有方便拿的额角，可以握住它的翅膀两侧。

锹甲的拿法

小心不要被类似额角的大颚夹住。

拿住眼睛旁边的部位。

蛙类的拿法

夹住腰部。

蟾蜍会从这里释放毒物，所以不要触摸这里。

❗ 摸了蟾蜍之后要用肥皂洗手。

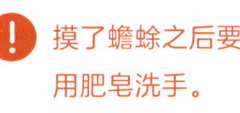

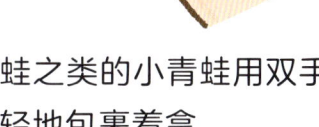

雨蛙之类的小青蛙用双手轻轻地包裹着拿。

虽然很像额角，实际上是**大颚**。

大颚是指昆虫的嘴巴。

我们来到了有游乐设施的广场上。
有人在玩**单杠**，还有人在**跳绳**。

单杠的握法

正手

手背朝上握住。

无论哪种方法，都要把手指像缠在单杠上一样握住。

单杠的握法有两种。

虽然哪种都可以，但如果没什么力气的话，推荐使用反手方法。

反手

手心朝上握住。

你会**跳绳**吗？

当然！是这样子握住**绳子**的吧？

跳绳的拿法

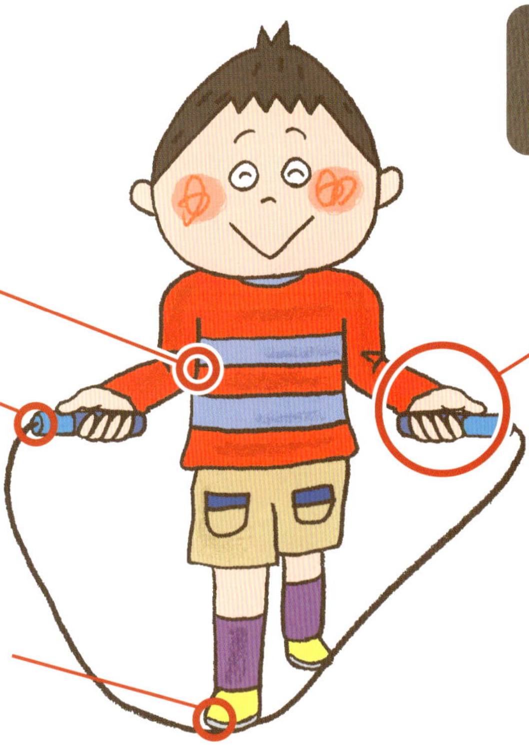

- 收紧腋下。
- 手柄的最佳位置是在胸部的高度处。
- 用一只脚踩住绳子的正中央。

手柄的拿法

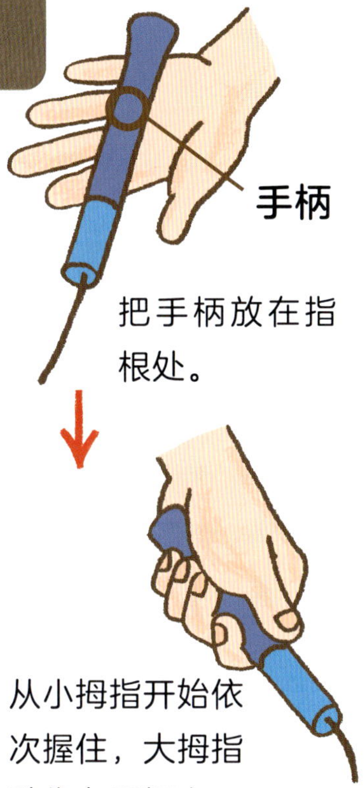

手柄

把手柄放在指根处。

从小拇指开始依次握住，大拇指贴靠在手柄上。

我跳不好啊。

我教你呀。

你会跳绳吗？

练习①

手拉手，练习抬脚跳。

练习②

试试看拿着从正中央切断的跳绳一圈圈地转圈吧。转动手柄，让双手的绳子同时转动，发出"啪啪"的声音。

大家一起跳绳也很有趣。

嘿,一起来练习**投球**和**接球**吧!

好呀好呀!

握球方法

接棒球

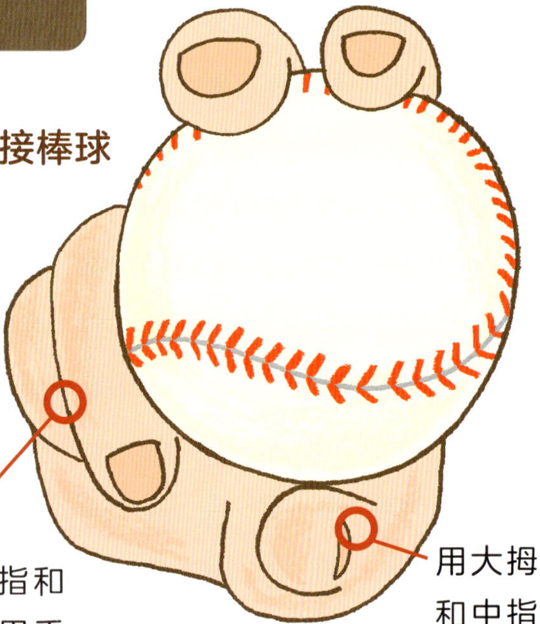

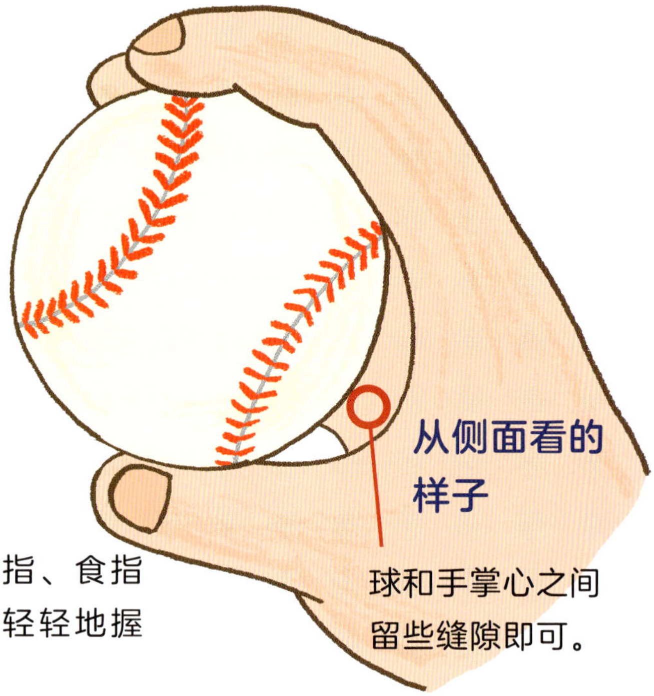

弯曲无名指和小拇指,用手指贴住球。

用大拇指、食指和中指轻轻地握住球。

从侧面看的样子

球和手掌心之间留些缝隙即可。

躲避球

用整个手掌稳稳地抓住球。

从侧面看的样子

试试看

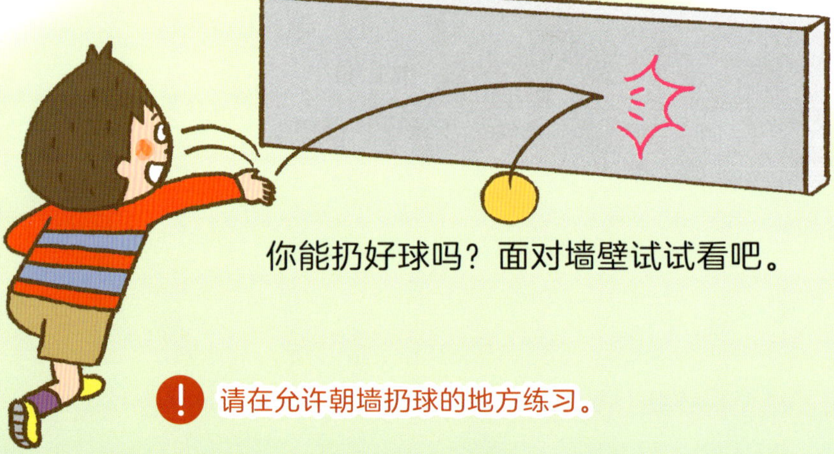

你能扔好球吗?面对墙壁试试看吧。

❗ 请在允许朝墙扔球的地方练习。

 我也想玩点什么!

 有剑球!妈妈小时候经常玩呢。

剑球的拿法

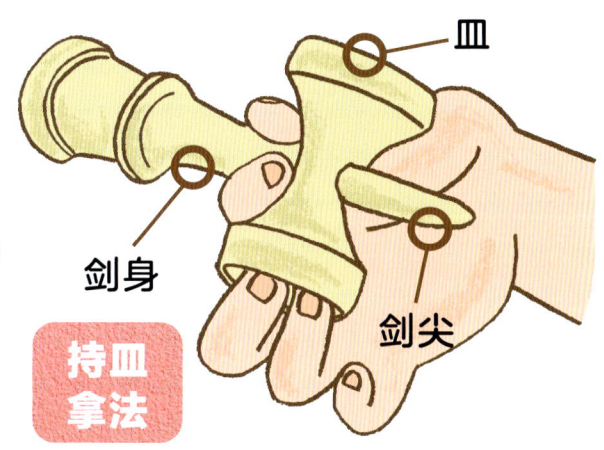

皿

剑身

剑尖

持皿拿法

用大拇指和食指拿着剑身,中指和无名指抵着皿。

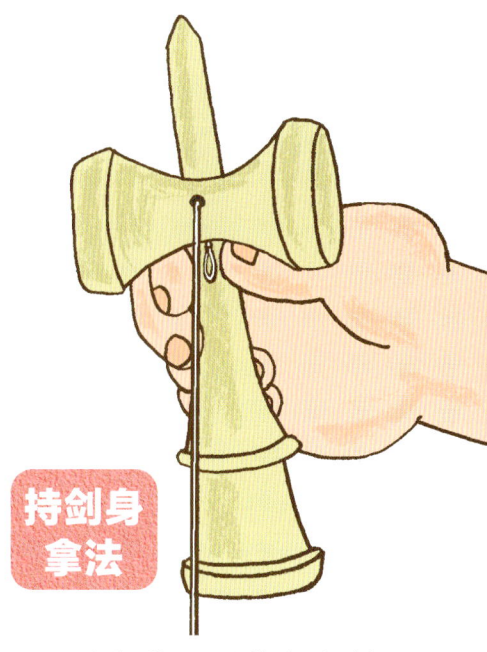

持剑身拿法

用大拇指和食指轻轻地拿着剑身,其他手指贴靠在剑身上。

 我要试试转陀螺!

 等你转得好了,和爸爸一决胜负吧!

你能转好陀螺吗?

陀螺顶　　陀螺身

陀螺尖

① 左手拿陀螺,右手拿线绳,在陀螺顶部绕一圈,陀螺尖绕2~3圈。

② 右手大拇指和食指拉着线绳,使线绳紧紧地缠绕在陀螺身上。

食指在侧边。

③ 换右手拿陀螺,用大拇指压住陀螺顶的线绳。

试试看转动它

面向正前方,使劲投掷出陀螺,在陀螺与缠好的线绳分开的瞬间,把线绳朝着自己的方向抽拉。

来帮忙做家务吧!

我回来啦!回到家一起来帮忙做晚饭吧。

 从切蔬菜开始帮忙吧。

 菜刀很危险，不小心的话会受伤哦。

菜刀的拿法

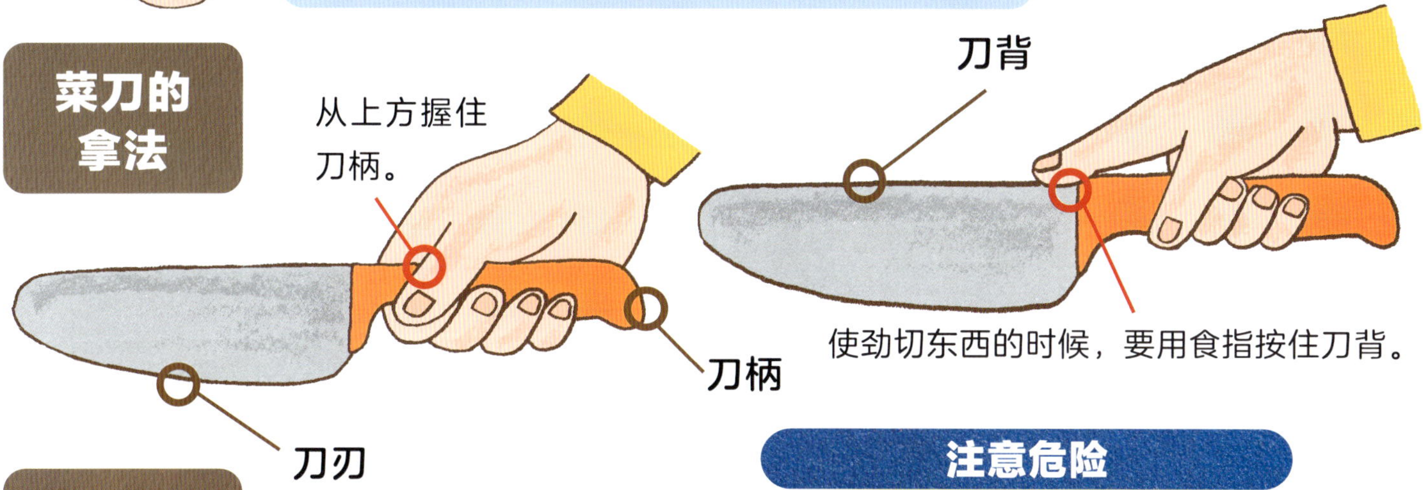

从上方握住刀柄。

刀背

使劲切东西的时候，要用食指按住刀背。

刀柄

刀刃

手指的放法

❌ 伸直手指是很危险的哦！

左手手指弯曲，压住要切的东西。

注意危险

❌ 不可以把菜刀的刀刃对着别人！

❌ 不可以拿着菜刀走路！

 你会用削皮器削胡萝卜吗？

削皮器的拿法

上侧是刀刃。

我试试看！

紧紧地握住把手，将刀刃贴在胡萝卜上。

刀刃

把手

试着削皮吧

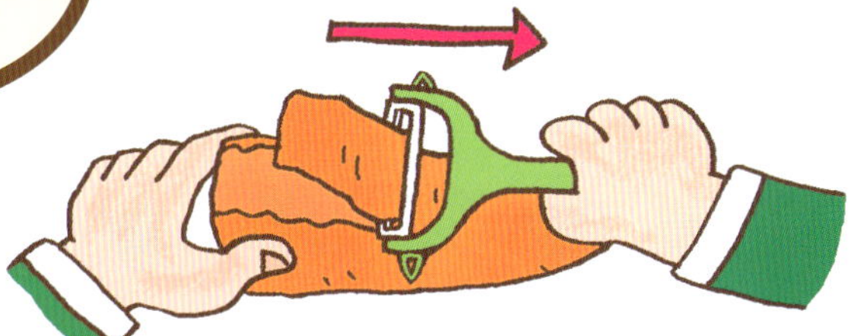

将刀刃贴在胡萝卜上，向右侧拉动。

❗ 请在大人的陪同下正确使用菜刀和削皮器。

开罐器的拿法

我来帮忙打开罐头。

你能顺利打开吗？

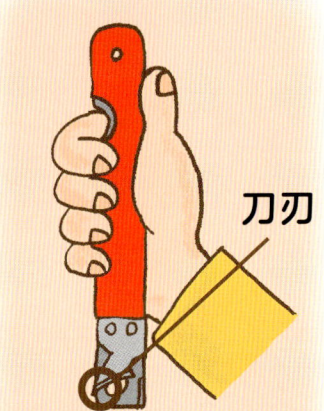

刀刃

将开罐器的刀刃朝下，握住把手，大拇指竖直扶住开罐器。

打开罐头的方法

把开罐器紧紧地钩挂在罐头边沿。

将开罐器的刀刃抵在罐头盖上，朝着另一边压着切开。

牢牢地拿着罐头。

沿着箭头的方向一点点转动罐头，保持同样的姿势切开。

转动罐头一圈，但留下一点不要切，然后拔掉开罐器。

把叉子插入盖子下方后，缓缓打开。

易拉罐罐头可以用手直接打开哦。

这样的话我应该也打得开。

用食指打开

用大拇指和中指抵着罐头，将食指插入拉环中慢慢拉起。

用大拇指打开

将大拇指插入拉环中慢慢拉起。其他手指抵着罐头。

拉环

另一只手牢牢地拿着罐头。

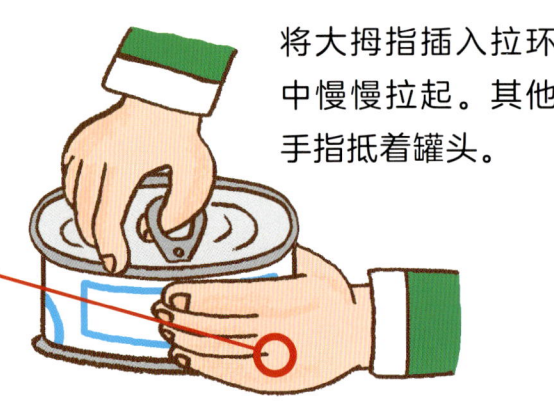

爸爸，这个瓶盖打不开啊。

哪个哪个？我来试试。

我也可以打开！

瓶盖的打开方法

左手牢牢地按住瓶子，右手手指盖住瓶盖。

左手和右手一起使劲拧瓶盖。

盖子很难打开的时候……

先用湿抹布盖住瓶盖，再使劲拧。

或者用橡皮筋绑住盖子，再拧瓶盖。

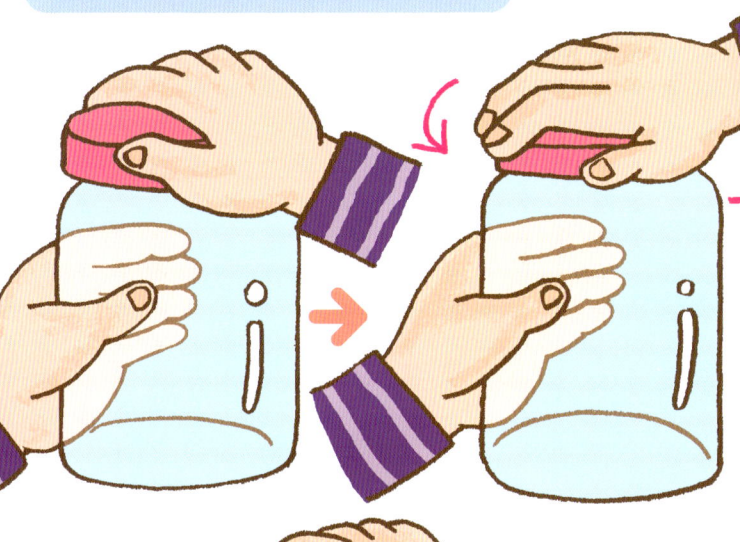

哥哥，这是什么呀？

这个叫"开瓶器"，能打开瓶盖。

开瓶器的拿法

拿住开瓶器的把手，大拇指竖立按住把手。

开瓶器的使用方法

左手牢牢地按住瓶子，用右手把开瓶器钩挂在瓶盖凹凸不平的地方。

保持钩挂的状态，使劲将瓶盖抬起。

锅有各种各样的形状呢。

不同形状的锅，拿法也不一样呢。

锅的各种拿法

单手锅

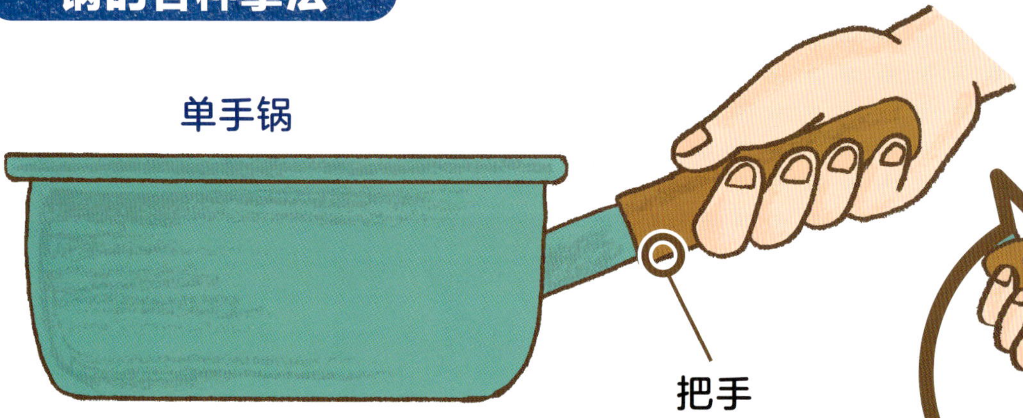

把手

大拇指按着把手，单手拿锅。

锅很重，单手拿不动时，可以用双手拿。

平底锅

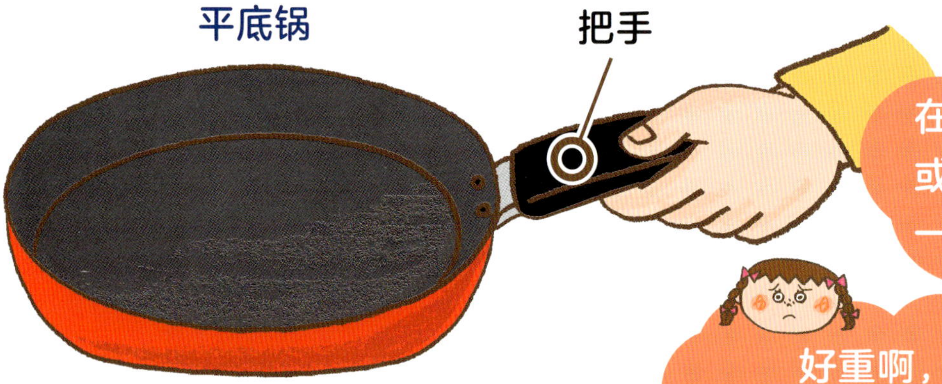

把手

和单手锅的拿法一样。
当锅很重的时候用双手拿。

在有一只手使用筷子或锅铲的时候，用另一只手拿锅哦。

好重啊，拿不动了，可以用双手拿吗？

双耳锅

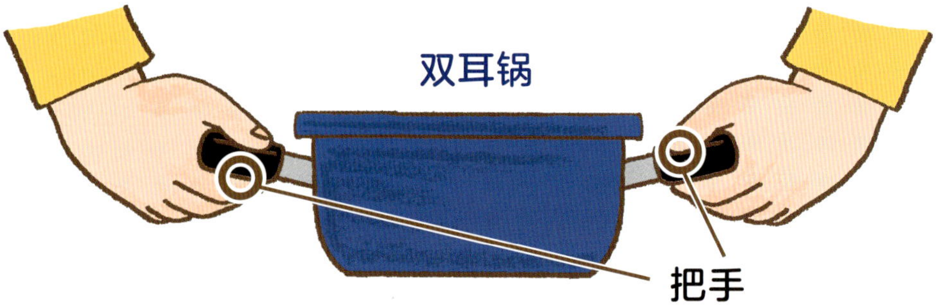

把手

大拇指在上，其他手指在下，用双手端。

把手很烫的时候，用隔热手套或抹布端锅。

 锅在使用时外表温度很高，注意不要触摸把手以外的地方！

 你知道怎么包饭盒吗？

 我倒是知道拆饭盒的方法……

来包饭盒吧

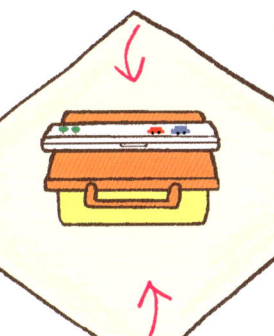

①把饭盒放在餐巾布的正中央，将面前的角和对面的角按照箭头的方向折叠。

②拿起餐巾布的两端。

③将两端交叉。

④把其中一端穿过交叉形成的环。

⑤拉紧固定。

⑥再次将两端交叉穿过。

⑦拉紧系牢。

完成！

带上**饭盒**，出门吧！

我们一起学习了许多东西的**拿法**和**用法**呢。动手是一件非常重要的事情。

编著者　宫里晓美

日本御茶水女子大学人类发展教育科学研究所教授。

日本文京区区立御茶水女子大学附属幼儿园园长。

从御茶水女子大学家政学部儿童学专业毕业后，曾担任过公立幼儿园教师、御茶水女子大学附属幼儿园副园长、十文字学园女子大学幼儿教育学专业教授，2016年4月起担任现在的职务。迄今为止，已在保育一线工作30余年，也从事保育员的培训工作。

绘者　常永美弥

插画家。

出生于大阪。毕业于夙川学院短期大学美术专业，曾在插画制作公司SPOON工作，2010年后成为自由插画家。主要从事杂志、书籍的封面画及插画。

主要参考资料

［1］流田直监制，《小学馆儿童图鉴、PRE NEO生活图鉴》（『小学館の子ども図鑑　プレNEO　せいかつの図鑑』），小学馆

［2］儿童生活科学研究会编写，谷田贝公昭、村越晃监制，《和孩子一起掌握49种生活技巧（插画版）》（『イラスト版　手のしごと　子どもとマスターする49の生活技術』），合同出版社

［3］WILL儿童智育研究所编著，SUMIMOTO NANAMI绘，《正确拿法的绘本》（『ただしいもちかたの絵本』），金之星出版社

［4］松桥利光著，《向专家询问生物的拿法》（『その道のプロに聞く　生きものの持ちかた』），大和书房

［5］日本剑球协会官网（日本けん玉協会ホームページ）

［6］提升儿童体力官网（日本娱乐消遣协会）［（子供の体力向上ホームページ（日本レクリエーション協会）］

设计　藤原YUKA（L'escargot Design Office）

协助编辑　泽野诚人（WORD株式会社）

图书在版编目（CIP）数据

我会拿筷子了！/(日)宫里晓美编著;(日)常永美弥绘;吕佳译. -- 上海：文汇出版社,2021.7
ISBN 978-7-5496-3624-2

Ⅰ.①我… Ⅱ.①宫… ②常… ③吕… Ⅲ.①儿童故事-图画故事-日本-现代 Ⅳ.①I313.85

中国版本图书馆CIP数据核字（2021）第148573号

HAJIMETE MANABU MOCHIKATA NO EHON
Supervised by Akemi MIYASATO
Illustrations by Miya TSUNENAGA
Text copyright © 2018 by PHP Institute, Inc.
Illustrations copyright © 2018 by Miya TSUNENAGA
First original Japanese edition published by PHP Institute, Inc., Japan.
Simplified Chinese edition copyright © 2021 by Dook Media Group Limited
All rights reserved.

中文版权 © 2021读客文化股份有限公司
经授权，读客文化股份有限公司拥有本书的中文（简体）版权
项目合作：锐拓传媒copyright@rightol.com
图字：09-2021-0545

我会拿筷子了！

作　　者 /	[日]宫里晓美（编著）　　[日]常永美弥（绘）
译　　者 /	吕　佳
责任编辑 /	张　涛
特邀编辑 /	杨敏娟　宋　琰
封面装帧 /	吕倩雯
内文装帧 /	徐　瑾
出版发行 /	文汇出版社
	上海市威海路755号
	（邮政编码200041）
经　　销 /	全国新华书店
印刷装订 /	河北鹏润印刷有限公司
版　　次 /	2021年7月第1版
印　　次 /	2021年7月第1次印刷
开　　本 /	889 mm×1194 mm　1/16
总 字 数 /	48千字
总 印 张 /	3

ISBN 978-7-5496-3624-2
定　　价 / 49.90元

版权所有，侵权必究
如有装订质量问题，请致电010-87681002
（免费更换，邮寄到付）